Karlchen Krabbelfix
Übungen für die Grundschule
1. Klasse
Rechnen • Schreiben • Sachkunde

Meine Familie und ich

Text und Konzeption: Ulrike Pohlmann
Illustration: Axel Dissmann & Sebastian Haug

Dieses Heft gehört:
Name: Merdi-Mamingi
Straße: Johanniterhof N° 8
Ort: 97980 Bad Mergentheim
Alter: 06 Klasse: 1.H

Liebe Kinder und Eltern,

als die neuen Erstklässler ihr Klassenzimmer in der Karlchen-Krabbelfix-Käferschule betreten, hängen überall Bilder, auf denen sich die Schüler selbst wiedererkennen können. „Huch, das bin ja ich!", ruft ein kleiner Käferjunge ganz entzückt. „Richtig", ruft Lehrer Karlchen Krabbelfix und ist mit seiner gelungenen Überraschung sehr zufrieden.

„Meine Familie und ich" ist das Hauptthema des 1. Schuljahres. Karlchen Krabbelfix übt mit seinen Schülern die Buchstaben und ersten Wörter. So wird viel zum Thema „Meine Familie und ich" gelesen, gemalt, gerechnet, gezählt und allerhand mehr. Die Schule macht den Schülern so viel Spaß, dass sie gar nicht merken, wie schnell die Zeit vergeht, während sie von ihren Familien, Träumen und Wünschen erzählen.
Anschließend feiern sie einen Geburtstag und erfahren vieles über ihre neue Schule. Auch zum Thema Freunde, Freundschaft und Gefühle haben fast alle etwas zu sagen. So richtig wütend, traurig oder froh war doch jeder schon mal! Auch die Körperteile werden behandelt, damit auch jeder gut über sich und seinen Körper Bescheid weiß. Zum Abschluss darf jeder sein eigenes Traumzimmer entwerfen und das große Traumberufe-Mandala anmalen.

In diesem Buch für die Grundschule wird der Unterrichtsstoff der 1. Klasse fächerübergreifend bearbeitet. Das heißt, die Inhalte der Fächer Deutsch und Mathematik werden innerhalb eines sachkundlichen Oberthemas behandelt.

So können die Kinder auf spielerische Art und Weise den Unterrichtsstoff wiederholen und vertiefen. Darüber hinaus setzen sie sich selbstständig mit neuen Sachverhalten auseinander und bearbeiten so die Rechtschreib- und Grammatikübungen sowie Rechenaufgaben mit größerer Motivation.

Viel Spaß wünschen euch
Ulrike Pohlmann und Axel Dissmann

ISBN 3-8212-2884-9
© XENOS Verlagsgesellschaft mbH
Am Hehsel 40, 22339 Hamburg
Text und Konzeption: Ulrike Pohlmann
Illustration: Axel Dissmann & Sebastian Haug
Lektorat: Dieter Schmidt
Satz: waterkant, Hamburg
Printed in Italy

Inhaltsverzeichnis

Kapitel 1: Das bin ich .... Seite 4

Kapitel 2: Mein Geburtstag 14

Kapitel 3: Meine Familie 24

Kapitel 4: Mein Körper 34

Kapitel 5: Meine Schule 45

Kapitel 6: Meine Freunde 54

Kapitel 7: Wünsche und Träume 64

Lösungsteil 74

Malen

Das bin ich

Karlchen steht vor seinem Spiegel und kämmt sich die Haare. „Komisch", denkt er, „so sehe ich also aus."
**Such dir einen Spiegel, der dir gefällt.
Schau in den Spiegel und male dich,
wie du dich siehst!**

Mein Name

Auf dieser Seite findest du alle Buchstaben des ABC.
**Suche alle Buchstaben, die zu deinem Namen gehören, und male sie bunt aus.
Schreibe deinen Namen mit Buntstift in die Linien.**

5

Schreiben

So sehe ich aus

Male oder klebe ein Bild von dir in das Kästchen.
Fülle den Fragebogen unten aus.

Ich heiße _____.

Ich bin _____ Jahre alt.

Meine Adresse: _____

_____

Meine Telefonnummer: _____

Mein/e Freund/in heißt: _____

Mein Lieblingstier: _____

Meine Lieblingsfarbe: _____

Mein Hobby: _____

Mein Lieblingsessen: _____

6

Begleiter zuordnen

Schreiben

Karlchen überlegt: „Es gibt viele Dinge, die ich mag!"
Lies die Schüttelwörter. Schreibe die Wörter mit den Begleitern *der, die, das* in die Tabelle.

Geheimschrift

Karlchen liegt auf der Wiese und überlegt, was er gerne tut und was nicht.
Auf dem Bild kannst du sehen, was ihm dazu einfällt.

Lies die Geheimschrift!
Schreibe unter jedes Bild den dazugehörenden Anfangsbuchstaben.
Lies die Wörter und schreibe den Satz in die Linien. Achtung, schreibe die
„Er möchte gerne"-Sätze in Rot und die „Er möchte nicht gerne"-Sätze in Blau.

Er möchte gerne

Er möchte nicht gerne

Geheimschrift

Schreiben

Er möchte nicht gerne

___ ___ ___ ___ ___ ___ ___ ___ .

Er möchte gerne ___ ___ ___ ___ ___ ___ .

Er möchte gerne im

___ ___ ___ ___ ___ ___ ___ ___ .

Er möchte gerne einen

___ ___ ___ ___ ___ ___ ___ ___ ___ ___ .

Zahlen und Mengen

Zähle die Personen in jedem Kästchen und kreise die passende Zahl ein.

Jede Kette soll so viele Perlen haben, wie auf dem Schild steht. Male Perlen dazu oder streiche Perlen durch, um die passende Zahl zu erreichen.

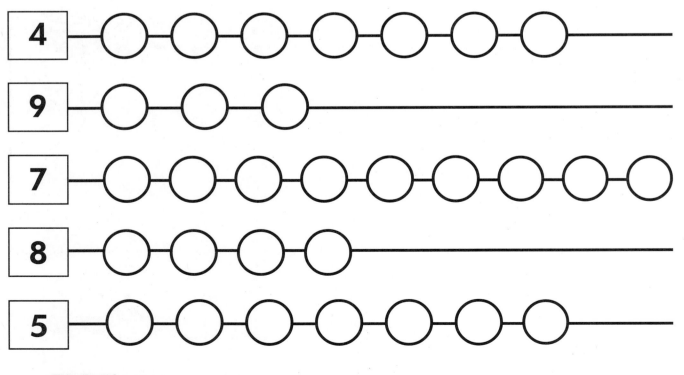

Zahlen und Mengen

Rechnen

Zähle, wie viele Tiere und Sachen in dem Bild versteckt sind.
Schreibe die richtige Zahl neben die eingekreisten Motive.

Punkt-zu-Punkt-Bild

Karlchen freut sich riesig auf den Schulanfang.
**Verbinde jeweils die Punkte von A bis Z und a bis z in der richtigen Reihenfolge.
Beginne mit A bzw. a.**

Karlchen trägt eine blaue Hose mit weißen Punkten, grüne Schuhe mit gelben Punkten und ein blaues Käppi mit weißen Punkten.
Male Karlchen richtig an.

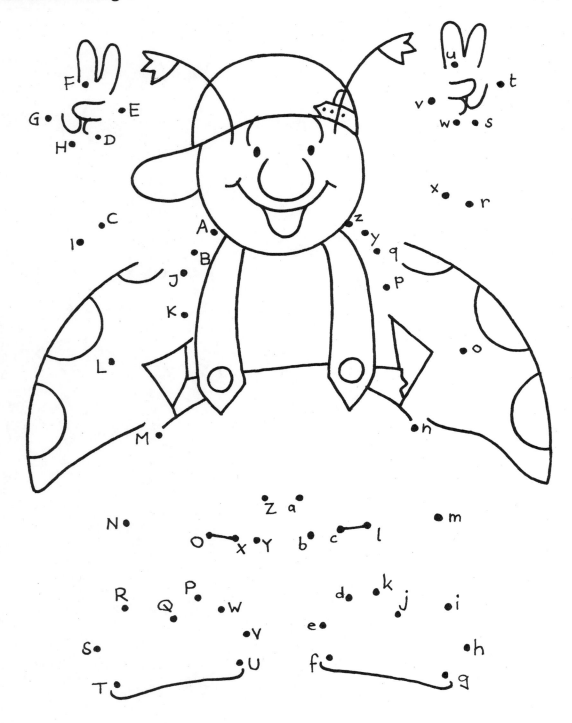

Lesen, schreiben, malen

Malen

Hast du auch Sachen, die du am liebsten anziehst?
Karlchen nennt sie seine Wohlfühlklamotten!
**Male dich in deinen Wohlfühlklamotten neben Karlchen.
Schreibe oder male in die Sprechblase, was du am liebsten tust!**

Mein Geburtstag

Karlchen steht vor seinem Geburtstagstisch und staunt.
So viele Geschenke hat er noch nie bekommen!
Willst du wissen, was das für Geschenke sind?

Dann entschlüssele diese Geheimschrift.
<u>Schreibe</u> unter jedes Bild den dazugehörenden Anfangsbuchstaben.
<u>Lies</u> das fertige Wort und schreibe es in die Linien.
<u>Male</u> die Begriffe im Bild oben an.

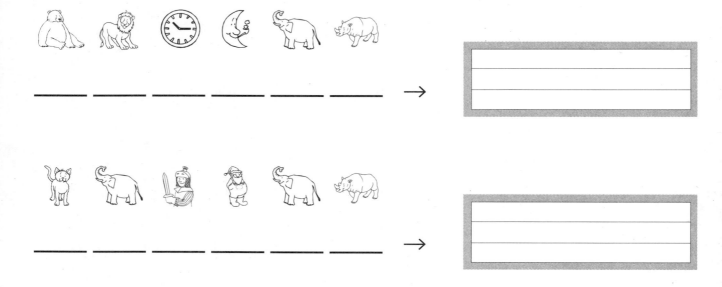

14

Geheimschrift

Schreiben

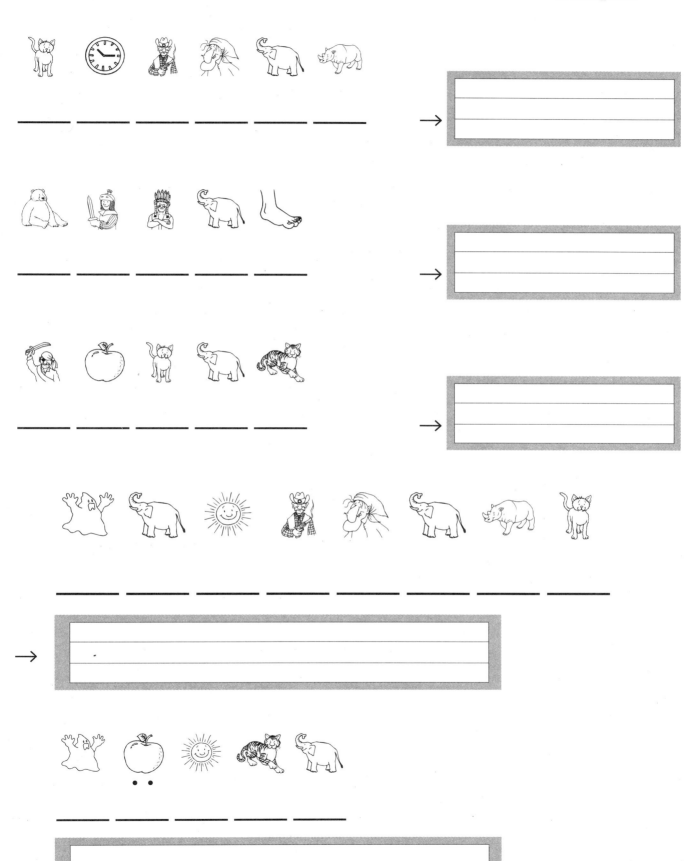

Schüttelwörter

**Schau dir die Päckchen auf Karlchens Geburtstagstisch genau an.
Lies die Schüttelwörter und finde heraus, was in den Päckchen versteckt ist.
Schreibe jedes Wort auf und male ein Bild davon in das Feld darüber.**

16

Zahlwörter

Schau nur, so viele Gäste hat Karlchen zu seiner Geburtstagsfeier eingeladen!
**In jeder Reihe ist ein Zahlwort versteckt. Finde es und kreise es bunt ein.
Schreibe das Zahlwort auf.**

ridgegteinshtw →

qoztdzweitbsölg →

polbasxydreipol →

rdcvjhvierpolkm →

qaysdfünfelkjnd →

wpölksechskijnm →

qurstsiebenoklmö →

vghachtijmkngbdt →

jurdaaponeungtu →

wqölzehnfvdgstuc →

17

Sachkunde

Mein Geburtstag

Heute ist mein Geburtstag.

Heute ist der _____.
_{Datum}

Ich bin jetzt _____ Jahre alt.

Male, worüber du dich an deinem Geburtstag am meisten freust.

 # Geburtstage in meiner Klasse

Sachkunde

Karlchen fragt die Käferkinder in seiner Klasse nach ihrem Geburtstag.
Verbinde jedes Geburtstagskind mit seinem richtigen Geburtstagsmonat.

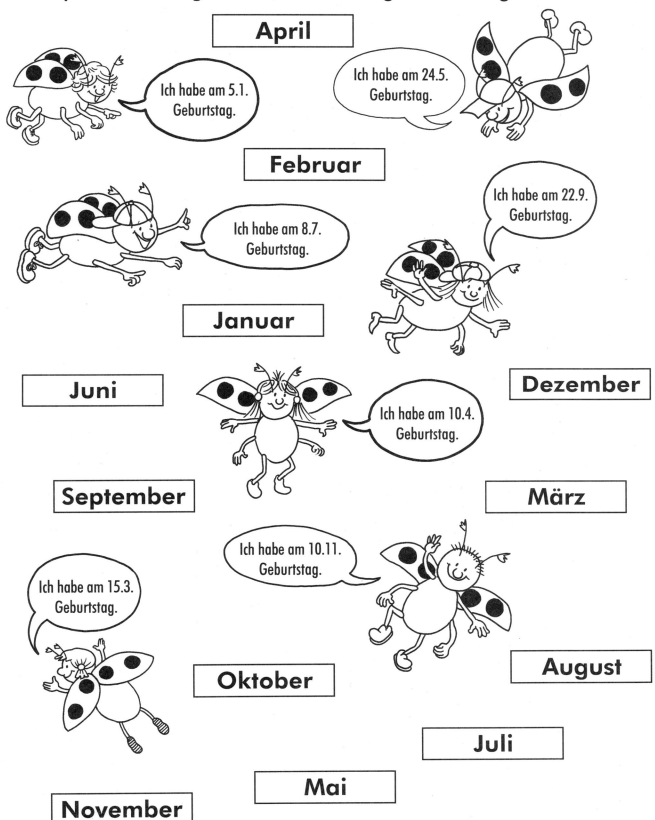

Plusaufgaben

Zahlenreihen!
Trage die fehlenden Zahlen ein.

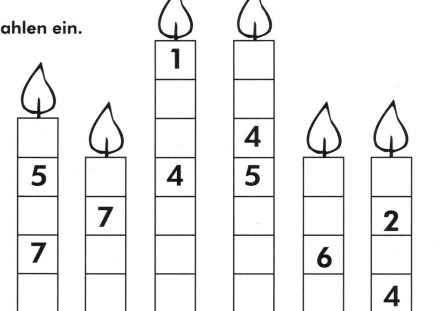

Zähle die Punkte. Schreibe oder male die Aufgabe.

☐ + ☐ = ☐☐   ☐ + ☐ = ☐☐   ☐ + ☐ = ☐☐

☐ + ☐ = ☐☐   ☐ + ☐ = ☐☐   ☐ + ☐ = ☐☐

4 + 6 = ☐☐   7 + 3 = ☐☐   2 + 8 = ☐☐

Rechne!

5 + 4 = ☐   1 + 4 = ☐   3 + 6 = ☐   8 + 1 = ☐

4 + 4 = ☐   6 + 2 = ☐   6 + 3 = ☐   6 + 1 = ☐

3 + 3 = ☐   3 + 5 = ☐   5 + 3 = ☐   8 + 2 = ☐☐

Plusaufgaben

Rechnen

Größer – kleiner (>, <)

3 ☐ 5
4 ☐ 6
2 ☐ 4
1 ☐ 10
9 ☐ 7
8 ☐ 4

3 ☐ 1
2 ☐ 0
6 ☐ 8
9 ☐ 6
6 ☐ 3
9 ☐ 7

Rechenhäuser!

7
3 +
 + 4
6 +

6
4 +
 + 2
3 +

10
3 +
 + 4
9 +

Bilde die passenden Aufgaben!

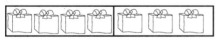

4 + 3 = ☐

3 + 4 = ☐

☐ + ☐ = ☐

☐ + ☐ = ☐

Bilde Tauschaufgaben!

3 + 7 = ☐☐
7 + ☐ = ☐☐

4 + 5 = ☐
☐ + ☐ = ☐

7 + 2 = ☐
☐ + ☐ = ☐

1 + 6 = ☐
☐ + ☐ = ☐

2 + 4 = ☐
☐ + ☐ = ☐

3 + 4 = ☐
☐ + ☐ = ☐

Geburtstagskalender

Gestalte deinen eigenen Geburtstagskalender.
Male den Kalender bunt an und verziere ihn.
Trage alle Tage und Feste ein, die für dich besonders wichtig sind.

Beispiele: Mamas Geburtstag, Papas Geburtstag, Omas Geburtstag, Geburtstage deiner Freunde und Haustiere ...

Januar

Februar

März

April

Mai

Juni

Juli

August

September

Oktober

November

Dezember

Karlchens Geburtstagstisch

Schau dir Karlchens Geburtstagstisch an!
Tina hat sich wirklich viel Mühe gegeben, alle Geschenke hübsch einzupacken.
Kannst du erkennen, was in den Paketen versteckt ist?
Verbinde jedes Päckchen mit dem passenden Geschenk.

23

Meine Familie

Finde die Familienmitglieder. Verbinde jedes Wort mit dem passenden Bild und schreib es in die Linien.

Geschwister

Schwester

Vater

Bruder

Mutter

Eltern

Setze die fehlenden Wörter von oben ein.

Vater und Mutter sind _____.

Stiefmutter und Stiefvater sind auch _____.

Bruder und Schwester sind _____.

Stiefbruder und Stiefschwester sind auch _____.

24

Silbenrätsel

Karlchen und Tina sind zur Familienparty bei Oma Frieda eingeladen.
Schau nur, wer noch alles kommt!
Setze die Wörter richtig zusammen. Verbinde jeden Wortanfang mit dem passenden Ende. Schreibe die Wörter richtig auf.

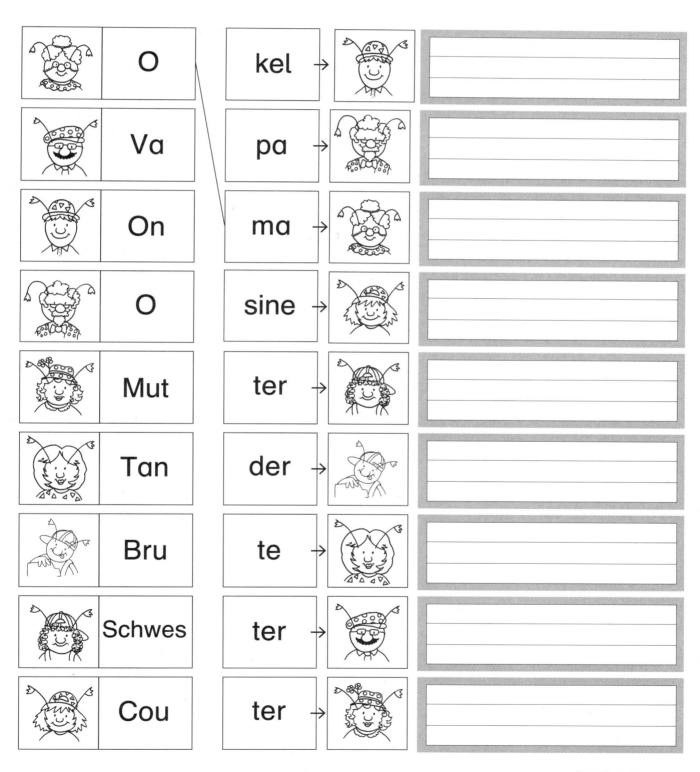

Namenwörter und Tuwörter

Lies die Wörter in den Kästchen. Überlege, was die Großeltern können und was nicht.
Male die richtigen Wörter bunt an.

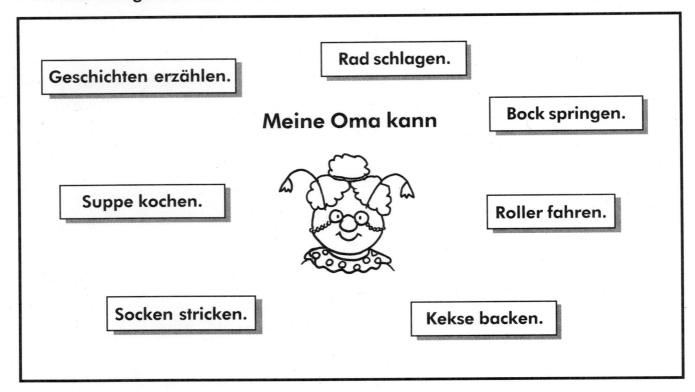

Meine Oma kann
- Geschichten erzählen.
- Rad schlagen.
- Bock springen.
- Suppe kochen.
- Roller fahren.
- Socken stricken.
- Kekse backen.

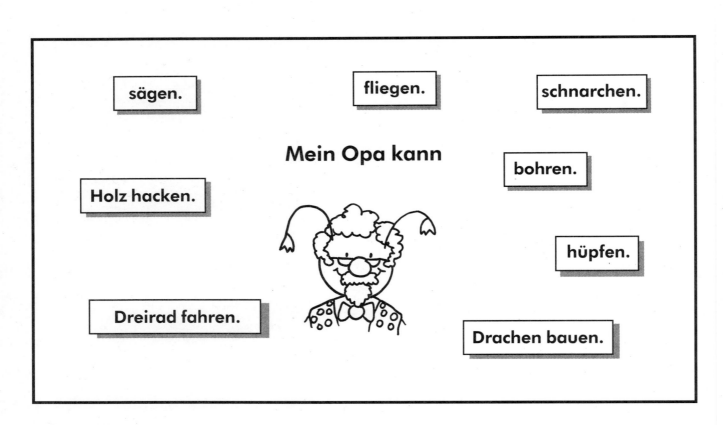

Mein Opa kann
- sägen.
- fliegen.
- schnarchen.
- Holz hacken.
- bohren.
- hüpfen.
- Dreirad fahren.
- Drachen bauen.

Sätze zuordnen

**Schau dir einige Fotos aus Karlchens Fotoalbum an.
Zu jedem Foto passt immer nur ein Satz. Kreuze ihn an.**

Opa holt einen Hammer. ○

Opa baut ein Vogelhaus. ○

Opa schläft im Sessel. ○

Oma singt auf der Schaukel. ○

Oma backt Kuchen. ○

Oma holt Eier. ○

Vater bügelt die Wäsche. ○

Vater liest Zeitung. ○

Vater mäht den Rasen. ○

Mutter kocht Nudeln. ○

Mutter fährt Auto. ○

Mutter malt ein Bild. ○

Familienstammbaum

Weißt du, was ein Familienstammbaum ist?
Er zeigt dir, wie die Mitglieder einer Familie miteinander verwandt sind.
Zu einem Stammbaum gehören der jeweilige Name und das Geburtsdatum der Familienmitglieder.

Frage deine Eltern nach Fotos von deinen Familienmitgliedern oder male Bilder von ihnen. Dann kannst du einen Stammbaum deiner Familie zusammenstellen. Wenn die Vorlage nicht ausreicht, zeichne dir deinen eigenen Stammbaum.

Familienrätsel

Lies die Schüttelwörter und trage die Wörter in das Rätsel ein.
Die Buchstaben in den Kästchen mit den Zahlen von 1 bis 8 ergeben ein Lösungswort.

Oma und Opa heißen auch

G ☐ ☐ ß ☐ ☐ ☐ ☐ ☐ .
1   2   3   4   5   6   7   8

29

Minusaufgaben bis 10

Bilde die passenden Minusaufgaben.

| 6 | – | ☐ | = | ☐ |

| 7 | – | ☐ | = | ☐ |

☐ – ☐ = ☐

☐ – ☐ = ☐

☐ – ☐ = ☐

☐ – ☐ = ☐

☐ – ☐ = ☐

☐ – ☐ = ☐

Rechne!

8 – 5 = ☐
6 – 1 = ☐
10 – 2 = ☐
9 – 4 = ☐

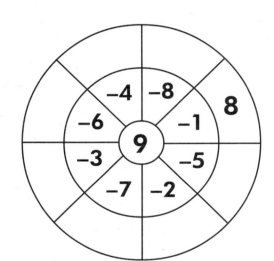

8 – ☐ = 2
6 – ☐ = 3
9 – ☐ = 4
10 – ☐ = 7

Streiche die abzuziehenden Köpfe durch. Rechne das Ergebnis aus.

| 6 | – | 4 | = | ☐ |

| 6 | – | 2 | = | ☐ |

| 6 | – | 3 | = | ☐ |

Bilde Tauschaufgaben!

| 8 | – | 5 | = | ☐ |
| 8 | – | ☐ | = | 5 |

| 6 | – | 2 | = | ☐ |
| ☐ | – | ☐ | = | ☐ |

| 10 | – | 4 | = | ☐ |
| ☐ | – | ☐ | = | ☐ |

| 9 | – | 4 | = | ☐ |
| ☐ | – | ☐ | = | ☐ |

| 5 | – | 3 | = | ☐ |
| ☐ | – | ☐ | = | ☐ |

| 7 | – | 6 | = | ☐ |
| ☐ | – | ☐ | = | ☐ |

30

Rechenbild

Löse die Aufgaben und male jedes Feld in der passenden Farbe an.

hellblau = 4	weiß = 2	lila = 10
hellgrau = 7	rot = 6	gelb = 9
orange = 8	rosa = 1	
braun = 3	grün = 5	

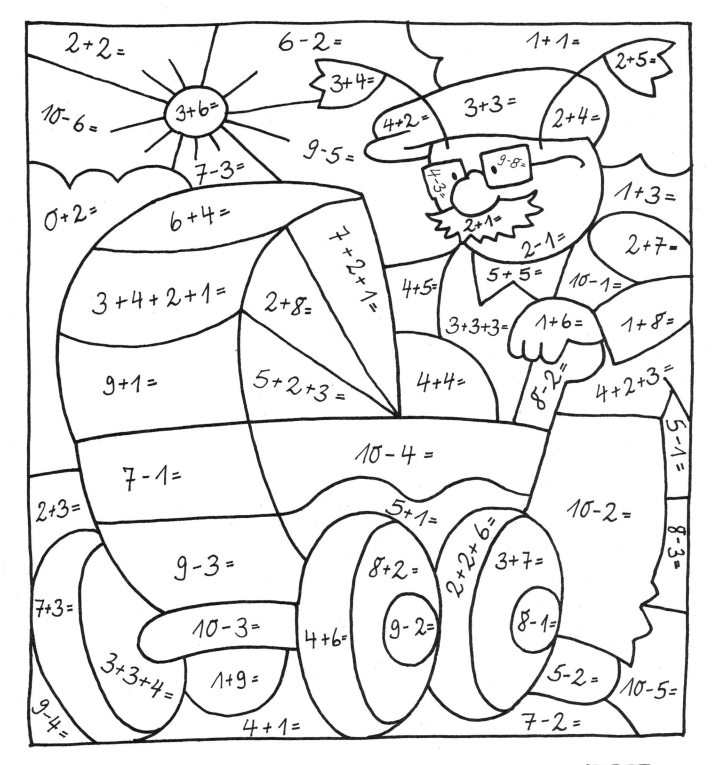

Finde die Unterschiede

Schau dir die beiden Bilder ganz genau an.
Beim Abmalen des oberen Bildes sind dem Maler 7 Fehler passiert.
Kreise die Fehler im unteren Bild ein.

Das Familienfoto

Jetzt konntest du Karlchens Familienfoto genau betrachten.
Male doch hier einmal deine Familie für Karlchen auf!

Mein Körper

Schreiben

Lies die Schlangensätze. Trenne die Wörter mit einem Strich.
Schreibe die Sätze richtig auf. Male die Bilder zu Ende.

IchbineinJunge.

IchspielegerneFußball.

IchmalegerneSchiffe.

Ich bin ein Mädchen

Schreiben

Ich bin ein Mädchen.

Ich spiele gerne mit meiner Freundin.

Ich male gerne Pferde.

Schreiben

Begleiter zuordnen

Karlchen sucht zusammen mit den Käferkindern viele Körperteile-Namenwörter. Lies die Wörter sorgfältig und schreibe sie mit dem passenden Begleiter (der, die, das) auf.

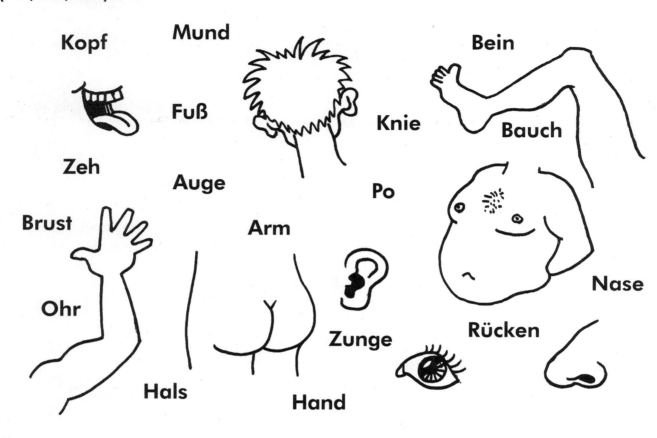

das Ohr		

Tuwörter einsetzen

Schreiben

Lies das Schlangenwort und trenne die Wörter mit Strichen.
Schreibe die Wörter einzeln auf!

| hörensehenriechenessensitzenlaufenstehenklatschen |

Setze die Tuwörter richtig ein.

Ich _____ mit den Ohren.

Ich _____ mit der Nase.

Ich _____ mit den Augen.

Ich _____ mit den Händen.

Ich _____ auf dem Po.

Ich _____ mit den Beinen.

Ich _____ mit dem Mund.

Ich _____ auf den Füßen.

Körperteile benennen

Schau dir die Kinder genau an.
Beschrifte die Körperteile mit den passenden Wörtern.

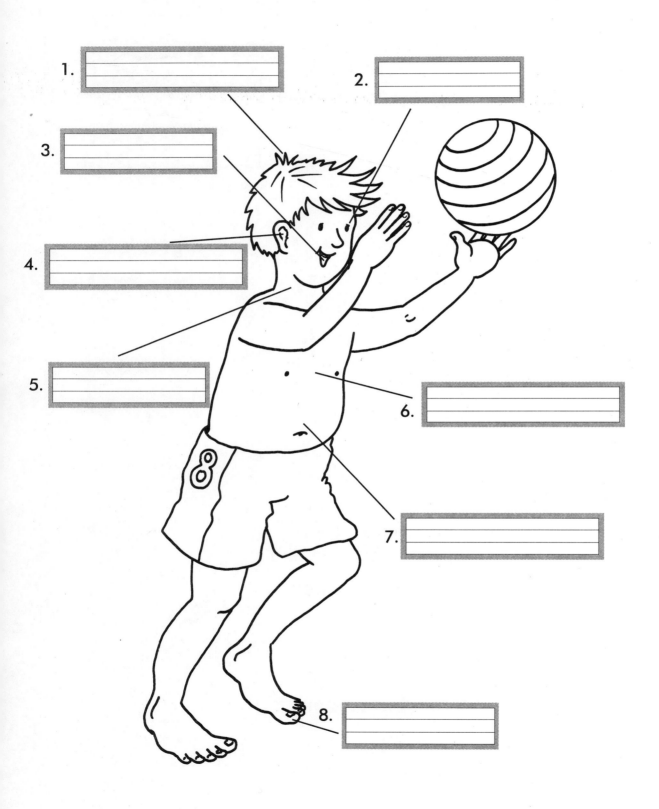

Kopf – Zeh – Brust – Ohr – Mund – Auge – Hals – Bauch –

Körperteile benennen

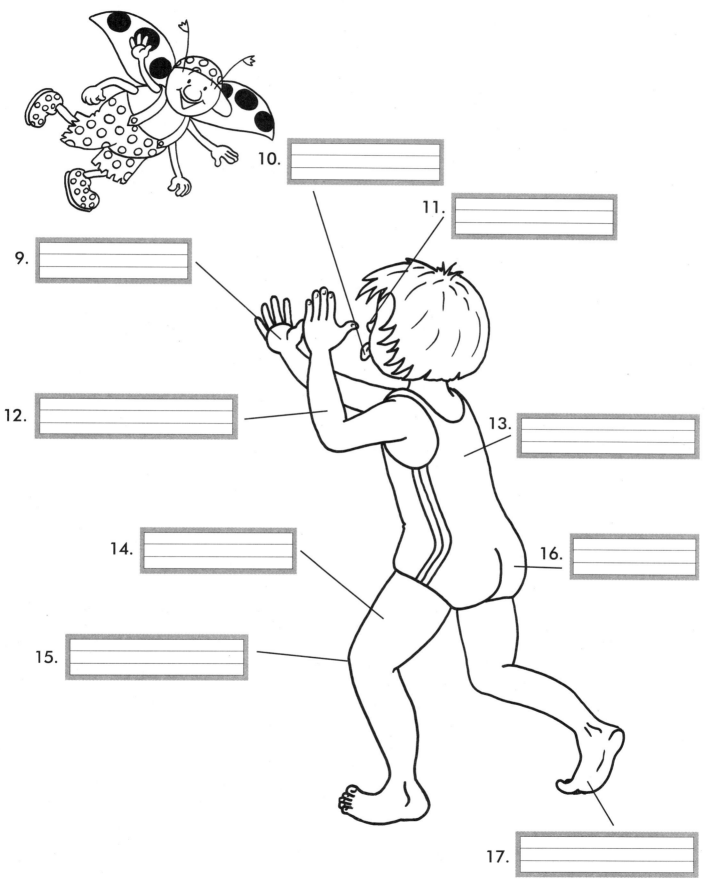

9. _____
10. _____
11. _____
12. _____
13. _____
14. _____
15. _____
16. _____
17. _____

Hand – Zunge – Nase – Rücken – Po – Bein – Fuß – Knie – Arm

Die Zahlen bis 20

Vervollständige und beende die Zahlenreihen bis 20.

Größer, kleiner, gleich

Rechnen

Setze die Zahlenreihen fort!

11, 12, 13, ☐ ☐ ☐ ☐ ☐ ☐ ☐

7, 8, 9, ☐ ☐ ☐ ☐ ☐ ☐ ☐

15, 14, 13, ☐ ☐ ☐ ☐ ☐ ☐ ☐

19, 18, 17, ☐ ☐ ☐ ☐ ☐ ☐ ☐

Größer oder kleiner (>, <)?

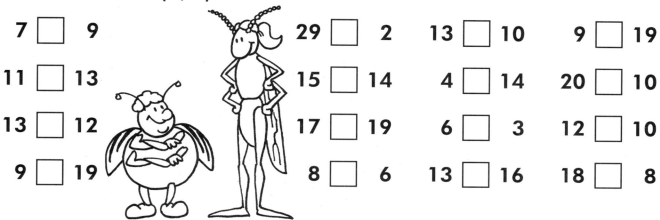

7 ☐ 9   29 ☐ 2   13 ☐ 10   9 ☐ 19

11 ☐ 13   15 ☐ 14   4 ☐ 14   20 ☐ 10

13 ☐ 12   17 ☐ 19   6 ☐ 3   12 ☐ 10

9 ☐ 19   8 ☐ 6   13 ☐ 16   18 ☐ 8

Bestimme Vorgänger und Nachfolger.

V	Z	N
11	12	13
	2	
	14	
	4	

V	Z	N
	11	
	7	
	16	
	6	

V	Z	N
	13	
	15	
	18	
	17	

Ordne die Zahlen. Beginne mit der kleinsten Zahl.

7, 5, 2, 11, 14, 9, 13   ☐ ☐ ☐ ☐ ☐ ☐ ☐

6, 1, 10, 4, 12, 8, 16   ☐ ☐ ☐ ☐ ☐ ☐ ☐

13, 10, 15, 9, 17, 12, 19   ☐ ☐ ☐ ☐ ☐ ☐ ☐

Sehtest

Jedes Jahr zu Beginn des Schuljahres wird in der Käferschule ein Sehtest durchgeführt. Alle Käferkinder müssen an diesem Test teilnehmen. Auf dieser Seite siehst du viele verschiedene Zeichen, die immer kleiner werden.
Schau sie dir erst einmal ganz genau an. Stelle das aufgeschlagene Buch etwas entfernt von dir auf, um zu sehen, wie viele Zeichen du jetzt noch erkennen kannst.

Vielleicht hast du ja auch noch andere Ideen, um deine Sehkraft zu testen.

Körperteile-Memory

Male die Spielkarten bunt an und schneide sie vorsichtig aus.
Lege die Karten verdeckt auf den Tisch und mische sie. Abwechselnd darf nun jeder Mitspieler 2 Karten aufdecken. Passen die Karten zusammen, darf man das Pärchen behalten und ist noch einmal dran. Passen die Karten nicht zueinander, werden sie wieder verdeckt hingelegt, und der nächste Mitspieler ist an der Reihe. Das macht ihr so lange, bis keine Karten mehr vor euch liegen.

	die Nase		**der Arm**
	das Ohr		**das Bein**
	der Mund		**der Fuß**
	das Auge		**der Bauch**
	der Kopf		**der Po**

Memory-Rückseite

Meine Schule

Die Käferkinder Kurt und Nelli besuchen die Karlchen-Krabbelfix-Käferschule.
Sie gehen in die 1. Klasse. In welche Schule gehst du?
Trage die fehlenden Namen und Berufe ein.
Welcher dieser 4 Berufe passt?
Schulleiter/in – Hausmeister – Sekretärin – Lehrerinnen
Trage die jeweils richtige Zahl in die Kästchen ein.

Meine Schule heißt _____ .

Der/die _____ leitet die Schule.

An meiner Schule unterrichten ☐ _____ und ☐ Lehrer.

Der _____ repariert Dinge und hält die Schule in

Ordnung. Die _____ schreibt Briefe und führt

Telefongespräche. Ich gehe in die ☐ Klasse. Wir sind ☐ Kinder.

Es sind ☐ Mädchen und ☐ Jungen.

Unser/e Klassenlehrer/in heißt _____ .

Male dein Klassenzimmer!

45

Lesen

Das Klassenzimmer

Schau dir das Klassenzimmer in der Käferschule an.
Hier gibt es viele Dinge, welche die Käferkinder zum Lernen brauchen.
Stelle fest, welche Sachen im Klassenzimmer sind.
Lies die Wörter und male in jeder Reihe das passende Bild an.

			Tafel
			Uhr
			Tisch
			Stuhl
			Buchstabe
			Zahl
			Buch
			Spiel

In der Pause

Karlchen hat seine Schüler in der Pause fotografiert.
Schau dir die Fotos an. Zu jedem Foto passt immer nur ein Satz. Kreuze ihn an.

Die Käferkinder spielen Fußball. ○
Ottilie fängt den Ball. ○
Otto steht im Tor. ○

Karlchen springt Seil. ○
Tina spielt mit dem Reifen. ○
Ottilie isst ihr Pausenbrot. ○

Lotta schaukelt. ○
Hugo saust die Rutsche hinunter. ○
Oskar rutscht die Stange hinunter. ○

Otto klettert auf den Baum. ○
Ottilie und Lotta wippen. ○
Tina hüpft auf einem Bein. ○

Der Schulweg

Es ist halb acht Uhr morgens. Max macht sich auf den Weg zur Schule.
In der Schule hat Max gelernt, immer nur den sichersten Weg zu gehen.
Er soll lieber einen kleinen Umweg machen und dafür die Straßen nur an
Zebrastreifen oder Ampeln überqueren.
**Hilf Max, den sichersten Weg zur Schule zu finden. Male den Weg rot.
Male die Zebrastreifen gelb an.**

Das Pausenfrühstück

Karlchen isst in der großen Pause am liebsten „Gurkenfischbrot".

Dafür braucht er:
1 Scheibe Vollkornbrot,
etwas Frischkäse,
dünne Gurkenscheiben,
etwas Schnittlauch,
dünne Möhrenscheiben

Karlchens Freundin Tina isst lieber Zwergenbrot, das sieht so aus:

Kannst du die Zutaten erkennen?

Male und schreibe deine eigene Pausenbrot-Idee auf.

49

Zehnerübergang bei Plusaufgaben

Die Schulglocke hat schon dreimal geklingelt. Acht Käferkinder sitzen schon auf ihren Stühlen, als Karlchen Krabbelfix die Klasse betritt. Aber einige Käferkinder fehlen noch. Da! Endlich kommen die restlichen fünf Käferkinder angestürmt.

Wie viele Schüler gehen in die Klasse?

8 + 5 =

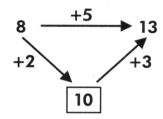

Rechne die folgenden Aufgaben in zwei Schritten, immer über den Zehner.

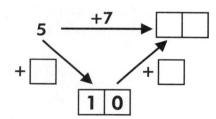 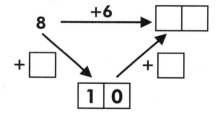 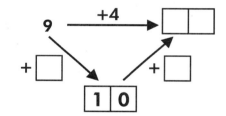

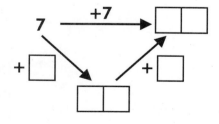 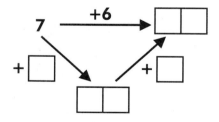 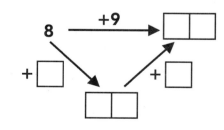

8 + 5 = ☐☐		6 + 9 = ☐☐		8 + 8 = ☐☐
8 + ☐ = 1 0		6 + ☐ = ☐☐		8 + ☐ = ☐☐
1 0 + 3 = ☐☐		☐ + ☐ = ☐☐		☐ + ☐ = ☐☐

Zehnerübergang bei Minusaufgaben

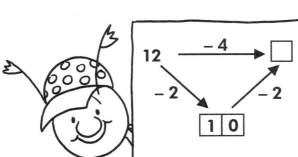

1. Die Aufgabe lautet:
12 minus 4.

2. Rechne in 2 Schritten.

3. Du rechnest von 12 erst einmal bis 10.
12 minus 2 gleich 10.

4. Von minus 4 bleiben damit noch minus 2 übrig.

5. Also musst du noch einmal von 10 2 abziehen.
10 minus 2 gleich 8.

6. Das Ergebnis lautet:
12 minus 4 gleich 8.

Rechne!

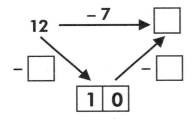 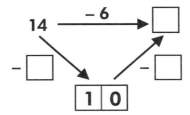 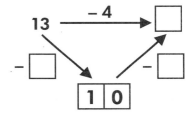

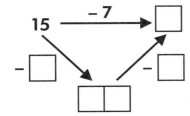 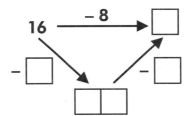 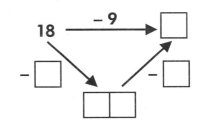

So kann man die Aufgaben in zwei Schritten auch aufschreiben:

1 4 − 6 = ☐	1 7 − 9 = ☐	1 1 − 5 = ☐
1 4 − ☐ = 1 0	1 7 − ☐ = 1 0	1 1 − ☐ = ☐
1 0 − 2 = ☐	1 0 − ☐ = ☐	1 0 − ☐ = ☐

1 5 − 6 = ☐	1 3 − 4 = ☐	1 8 − 9 = ☐
☐☐ − ☐ = ☐	☐☐ − ☐ = ☐	☐☐ − ☐ = ☐
☐☐ − ☐ = ☐	☐☐ − ☐ = ☐	☐☐ − ☐ = ☐

Namen-Suchsel

Heute feiert die Käferschule ein großes Schulfest. Überall sind Buden und Stände aufgebaut. Die Schüler schwirren über das Schulgelände, um bei den lustigen Wettspielen mitzumachen oder einen leckeren Schokoladenkuchen vom Büfett zu ergattern. Kreuz und quer laufen die Schüler über den Schulhof.

Finde waagerecht und senkrecht die Namen der Schüler und kreise sie mit Buntstift ein.

 **Lotta**
 **Otto**
 **Oskar**
 **Hugo**

D	H	N	B	S	E	I	H	N	W	S	U	E	D
V	S	R	E	E	O	U	D	G	T	R	N	G	U
F	E	L	O	T	T	A	W	T	L	L	E	O	N
E	X	E	S	K	T	H	R	I	L	T	L	P	T
G	I	L	K	E	I	B	T	O	K	J	L	S	E
F	E	T	A	A	L	W	T	M	O	N	I	B	W
H	E	F	R	F	I	E	E	A	N	Z	B	K	L
O	G	K	L	F	E	L	I	X	R	A	R	Q	R
F	I	U	I	S	L	B	Y	M	A	O	S	H	G
U	F	R	M	E	N	K	Z	J	D	D	F	U	F
E	O	T	T	O	Q	F	U	G	F	P	A	G	Y
U	O	H	I	O	N	K	T	G	Y	D	F	O	Z
L	L	H	N	F	R	B	L	H	U	M	R	A	U
O	A	K	A	R	T	I	O	U	K	P	R	P	E

 **Tina**
 Ottilie
 **Max**
 **Konrad**
 **Moni**

 Leon
 Nelli
 **Felix**
 **Kurt**

Blindekuh

Nach einer anstrengenden Unterrichtsstunde spielt Karlchen mit seinen Schülern besonders gerne „Blindekuh".
Dafür braucht er eine Augenbinde.

Einer der Mitspieler ist die blinde Kuh.
Karlchen verbindet ihm die Augen mit der Augenbinde.

Dann wird die blinde Kuh ein paarmal um sich selbst gedreht.

Die anderen Spieler haben sich auf der Spielfläche verteilt.

Die blinde Kuh versucht nun, einen der Mitspieler zu finden.
Die Mitspieler dürfen allerdings nicht weglaufen.
Sie dürfen lediglich ausweichen, indem sie sich bücken oder den Oberkörper zur Seite drehen.

Hat die blinde Kuh einen Mitspieler gefunden,
muss sie durch Abtasten erraten,
um wen es sich handelt.

Errät die blinde Kuh den Namen des Mitspielers,
ist dieser die nächste blinde Kuh.

Andernfalls muss die bisherige blinde Kuh ihre Suche fortsetzen.

Meine Freunde

Karlchen spricht mit seinen Schülern über Freunde und Freundschaft.
Dazu fällt den Schülern viel ein, wie du unten lesen kannst:

Lies die Geheimschrift!
Schreibe unter jedes Bild den dazugehörenden Anfangsbuchstaben.
Lies die Wörter und schreibe den ganzen Satz in die Linien.

Meiner Freundin ____ ____ ____ ____ ____ ich.

Mit meinem Freund ____ ____ ____ ____ ____ ich.

Geheimschrift

Meine Freundin _____ _____ _____ _____ _____ _____ ich.

Meinem Freund _____ _____ _____ _____ _____ _____ _____ _____ _____ ich.

Mit meiner Freundin _____ _____ _____ _____ _____ _____ ich.

Mit meinem Freund _____ _____ _____ _____ ich.

Richtig oder falsch?

Lies die Sätze sorgfältig und kreuze die richtigen Aussagen an.

Freunde halten zusammen. ☐

Freunde helfen sich. ☐

Freunde treten sich . ☐

Freunde trösten sich. ☐

Freunde verpetzen sich. ☐

Freunde mögen sich. ☐

Freunde wechseln sich ab. ☐

Freunde teilen miteinander. ☐

Schreibe die richtigen Sätze ab.

56

Freundschaftsgeschichte

Schreiben

Lies dir die Sätze genau durch.
Überlege, welches Wort in dem Kasten richtig ist.
Male es grün an. Streiche das falsche Wort durch.

Ottilie, Otto und Oskar sind | Freunde / Hüte |.

Die drei Hummeln | halten / nuckeln | immer zusammen.

Otto und Oskar | üben / grasen | mit Ottilie Rad fahren.

Oskar wechselt sich mit Otto beim | Schaukeln / Schlafen | ab.

Oskar | flötet / teilt | mit Ottilie seine Tafel Schokolade.

Alle drei Hummeln | streiten sich / helfen sich | gegenseitig.

Schreibe die richtigen Sätze auf.

57

Gefühle

Schau nur, Karlchen hat viele verschiedene Gesichter an die Wand gehängt!
Alle sehen verschieden aus.
Kannst du sie beschreiben? Ordne jedem Gesicht das passende Wort zu und schreib es in den Kasten darunter.

fröhlich **schüchtern** **traurig** **neidisch**

ängstlich **wütend** **glücklich**

Meine Gefühle

Male in jedes Kästchen ein Bild von dir, auf dem du dich wütend, traurig und glücklich fühlst. Beschreibe deine Gefühle.

Ich bin glücklich, wenn

Ich bin traurig, wenn

Ich bin wütend, wenn

59

Rechenpuzzle

Schau dir die Aufgaben in dem Puzzle genau an. Es sind Aufgaben mit Zehnerübergang. Löse sie und klebe die Puzzleteile von Seite 61 so auf die Aufgabenkästchen, dass das Rechenergebnis immer mit der Zahl auf dem Puzzleteil übereinstimmt.

7 + 8 = ☐	11 − 5 = ☐	6 + 7 = ☐
7 + ☐ = ☐	☐ − ☐ = ☐	☐ + ☐ = ☐
☐ + ☐ = ☐	☐ − ☐ = ☐	☐ + ☐ = ☐

13 − 6 = ☐	8 + 8 = ☐	11 − 8 = ☐
☐ − ☐ = ☐	☐ + ☐ = ☐	☐ − ☐ = ☐
☐ − ☐ = ☐	☐ + ☐ = ☐	☐ − ☐ = ☐

6 + 6 = ☐	17 − 9 = ☐	9 + 9 = ☐
☐ + ☐ = ☐	☐ − ☐ = ☐	☐ + ☐ = ☐
☐ + ☐ = ☐	☐ − ☐ = ☐	☐ + ☐ = ☐

12 − 8 = ☐	7 + 7 = ☐	11 − 10 = ☐
☐ − ☐ = ☐	☐ + ☐ = ☐	☐ − ☐ = ☐
☐ − ☐ = ☐	☐ + ☐ = ☐	☐ − ☐ = ☐

9 + 8 = ☐	15 − 6 = ☐	7 + 4 = ☐
☐ + ☐ = ☐	☐ − ☐ = ☐	☐ + ☐ = ☐
☐ + ☐ = ☐	☐ − ☐ = ☐	☐ + ☐ = ☐

11 − 9 = ☐	9 + 10 = ☐	13 − 8 = ☐
☐ − ☐ = ☐	☐ + ☐ = ☐	☐ − ☐ = ☐
☐ − ☐ = ☐	☐ + ☐ = ☐	☐ − ☐ = ☐

Rechenpuzzle

Schneide die einzelnen Bildkärtchen vorsichtig aus. Löse die Aufgaben in den Kästchen auf Seite 60. Klebe die Karten von dieser Seite auf die passenden Felder. Male das fertige Bild bunt an.

Rechenpuzzle-Rückseite

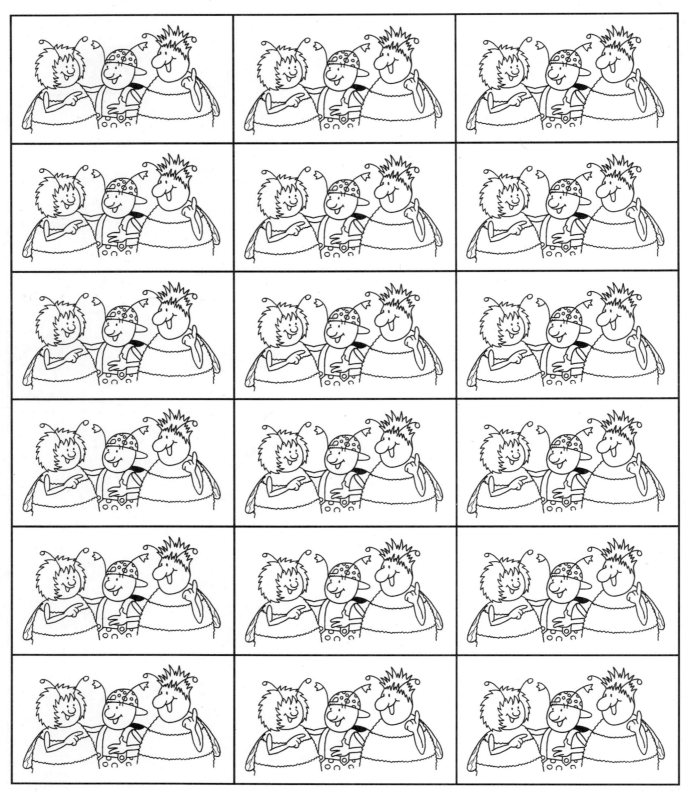

Finde die Unterschiede

Schau dir die beiden Bilder ganz genau an.
Beim unteren Bild sind dem Maler 7 Fehler passiert.
Kreise die Fehler im unteren Bild ein.

Wünsche und Träume

Karlchen hat viele geheime Wünsche. Aber jedes Mal wenn er sich etwas Schönes wünscht, bekommt er etwas anderes.
**Suche zu jedem Wunsch (Bild) die passenden Buchstaben in den Buchstabenbällen und male sie grün an.
Die übrig gebliebenen Buchstaben verraten dir, was Karlchen wirklich bekommt.
Schreibe das Wort noch einmal auf.**

 B A a p f l e l

 A P u u p t p o e

D S r c a c h h a e l n

 S P c h i f f l z

K S a p t i n z e n e

64

Schüttelsätze

Nanu, was ist denn hier passiert? Karlchen wollte für seine Freunde Wünsche aufschreiben. Doch irgendwie sind seine Sätze durcheinander geraten.
Bringe die Wörter in die richtige Reihenfolge und schreibe sie auf.

einen Ich Äpfel voller dir wünsche Korb.

leckeres Ich Eis dir wünsche ein.

schönen wünsche Ich Traum einen dir.

am Ich dir bunten wünsche Himmel einen Drachen.

Wünsche

Karlchen hat heute eine Wunschdose mitgebracht. Alle Schüler bekommen einen kleinen Zettel, auf den sie einen Wunsch für einen anderen Menschen schreiben dürfen. Alle Zettel werden zusammengefaltet und anschließend in die Dose gelegt.
Was wünschst du deinen Eltern, Geschwistern und Freunden?

Lieber Karlchen! Ich wünsche dir einen schönen Tag im Wald.

Liebe/r _____!

Ich wünsche dir

Liebe/r _____!

Ich wünsche dir

Liebe/r _____!

Ich wünsche dir

Liebe/r _____!

Ich wünsche dir

Begleiter zuordnen

Schreiben

Ottilie, Otto und Oskar haben viele Wünsche. Kaum zu glauben, was die drei wilden Hummeln sich alles wünschen!
Schreibe ihre Wünsche nach Begleitern (der, die, das) geordnet auf.

der	die	das

67

Karlchens Traumzimmer

So sieht Karlchens Traumzimmer aus.
Gefällt es dir?

Schreibe auf, welche Dinge dir in Karlchens Traumzimmer gut gefallen.

Dein Traumzimmer

Malen

Male dein eigenes Traumzimmer!

Meine Traumschule

„Das gibt es ja gar nicht!", ruft Oskar und klatscht vor Begeisterung in die Hände. Schau nur, wie die Schüler in Karlchen Krabbelfix' Traumschule rechnen!
Löse die Aufgaben und trage die Ergebnisse ein.

Bestimme Vorgänger und Nachfolger.

V	Z	N
14	15	16
	5	
	16	
	6	

V	Z	N
	17	
	7	
	12	
	2	

18					13				

Ordne die Zahlen der Größe nach. Beginne mit der kleinsten.

5, 9, 2, 11, 15, 3

18, 20, 15, 11, 9, 14

Rechne mit Zehnerübergang:

→ − 8 →

13 → −3 → 10 → −5 → ☐

16 → − → 10 → − → ☐

11 → → 10 → → ☐

17 → → 10 → → ☐

14 → → 10 → → ☐

12 → → 10 → → ☐

13 − 3 = 10
10 − 5 = 5

Meine Traumschule

Rechnen

Hier hat Karlchen eine kunterbunte Rechentraumschule zusammengestellt.
Löse die Aufgaben!

Traumberufe-Suchsel

Karlchen Krabbelfix fragt die Käferkinder nach ihrem Traumberuf. Sofort fangen alle an zu reden und wilde Geschichten zu erzählen. Alle reden kreuz und quer durcheinander. Die Traumberufe schwirren nur so durch die Klasse! Die beliebtesten Traumberufe sind unten abgebildet.

Sie verstecken sich waagerecht im Suchsel. Finde sie und kreise sie mit Buntstift ein. (Ä = Ä)

Busfahrer

Tierärztin

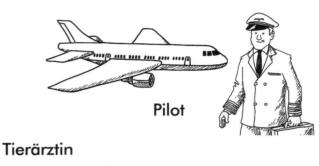
Pilot

Polizist

D	U	N	B	W	P	O	L	I	Z	I	S	T	X
U	S	R	E	T	F	U	D	G	E	R	N	G	B
F	E	U	E	R	W	E	H	R	M	A	N	N	F
T	X	T	I	E	R	Ä	R	Z	T	I	N	P	E
E	I	L	Z	A	H	N	A	R	Z	T	I	S	P
W	E	B	U	S	F	A	H	R	E	R	E	B	F
L	E	F	R	N	E	E	E	S	P	I	L	O	T
R	G	G	L	D	H	E	O	T	H	A	R	Q	O
K	A	P	I	T	Ä	N	Y	M	S	O	S	X	F
F	F	S	M	Y	N	B	Ä	C	K	E	R	N	U
Y	L	R	U	F	Q	F	U	G	U	P	A	G	E

Kapitän

Bäcker

Feuerwehrmann

Zahnarzt

72

# Traumberufe-Mandala

Karlchen Krabbelfix hat alle Traumberufe ausprobiert.
Male das Mandala bunt an.

Lösungsteil

Seite 7
der Drachen, das Eis, die Blume, der Ball, die Maus, die Puppe, der Schnee, der Keks, die Sonne, das Auto

Seite 8/9
Er möchte gerne Ball spielen.
Er möchte nicht gerne weinen.
Er möchte nicht gerne hinfallen.
Er möchte gerne lachen.
Er möchte gerne im See baden.
Er möchte gerne einen Igel basteln.

Seite 10
1. Reihe: 4, 5, 3   2. Reihe: 2, 1, 6

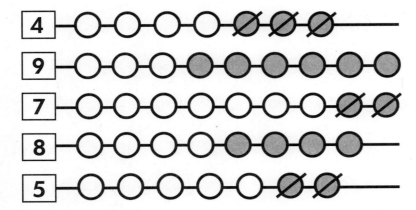

Seite 11

🛏 = 1   🎩 = 4   ✏ = 10   🧦 = 6

🍬 = 7   🧸 = 3   📖 = 8   🪑 = 2

Seite 12

74

Lösungsteil

Seite 14/15
Blumen, Kerzen, Kuchen, Brief, Paket, Geschenk, Gäste

Seite 16
Knete, Schiff, Ball, Spiel, Buch, Auto

Seite 17
ridgegt<u>eins</u>htw = eins
qoztd<u>zwei</u>tbsölg = zwei
polbasxy<u>drei</u>pol = drei
rdcvjh<u>vier</u>polkm = vier
qaysd<u>fünf</u>elkjnd = fünf
wpölk<u>sechs</u>kijnm = sechs
qurst<u>sieben</u>oklmö = sieben
vgh<u>acht</u>ijmkngbdt = acht
jurdaapo<u>neun</u>gtu = neun
wqöl<u>zehn</u>fvdgstuc = zehn

Seite 19
Ich habe am 5.1. Geburtstag – Januar
Ich habe am 24.5. Geburtstag – Mai
Ich habe am 8.7. Geburtstag – Juli
Ich habe am 22.9. Geburtstag – September
Ich habe am 10.4. Geburtstag – April
Ich habe am 15.3. Geburtstag – März
Ich habe am 10.11. Geburtstag – November

Seite 20

5 + 5 = 10, 7 + 3 = 10, 1 + 9 = 10
2 + 8 = 10, 4 + 6 = 10, 6 + 4 = 10
4 + 6 = 10, 7 + 3 = 10, 2 + 8 = 10

5 + 4 = 9, 1 + 4 = 5, 3 + 6 = 9, 8 + 1 = 9
4 + 4 = 8, 6 + 2 = 8, 6 + 3 = 9, 6 + 1 = 7
3 + 3 = 6, 3 + 5 = 8, 5 + 3 = 8, 8 + 2 = 10

Seite 21
3 < 5, 4 < 6, 2 < 4, 1 < 10, 9 > 7, 8 > 4,
3 > 1, 2 > 0, 6 < 8, 9 > 6, 6 > 3, 9 > 7

Rechenhäuser:
7 = 3 + 4, 7 = 3 + 4, 7 = 6 + 1
6 = 4 + 2, 6 = 4 + 2, 6 = 3 + 3
10 = 3 + 7, 10 = 6 + 4, 10 = 9 + 1

Bilde die passenden Aufgaben:
4 + 3 = 7   5 + 2 = 7
3 + 4 = 7   2 + 5 = 7

Tauschaufgaben:
3 + 7 = 10   4 + 5 = 9   7 + 2 = 9
7 + 3 = 10   5 + 4 = 9   2 + 7 = 9

1 + 6 = 7   2 + 4 = 6   3 + 4 = 7
6 + 1 = 7   4 + 2 = 6   4 + 3 = 7

Seite 23

Lösungsteil

Seite 24: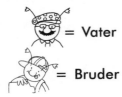

Vater und Mutter sind Eltern.
Stiefmutter und Stiefvater sind auch Eltern.
Bruder und Schwester sind Geschwister.
Stiefbruder und Stiefschwester sind auch Geschwister.

Seite 25
O-ma, Va-ter, On-kel, O-pa, Mut-ter, Tan-te, Bru-der, Schwes-ter, Cou-sine

Seite 26
Meine Oma kann Geschichten erzählen. Meine Oma kann Suppe kochen.
Meine Oma kann Kekse backen. Meine Oma kann Socken stricken.
Mein Opa kann sägen. Mein Opa kann schnarchen. Mein Opa kann Drachen bauen.
Mein Opa kann bohren. Mein Opa kann Holz hacken.

Seite 27
Opa baut ein Vogelhaus. Oma backt Kuchen. Vater bügelt die Wäsche. Mutter fährt Auto.

Seite 29
Oma und Opa heißen auch **Großeltern**.

Seite 30
6 – 1 = 5, 7 – 5 = 2, 6 – 3 = 3, 8 – 4 = 4, 8 – 2 = 6, 8 – 3 = 5,
7 – 2 = 5, 8 – 5 = 3

8 – 5 = 3   8 – 6 = 2
6 – 1 = 5   6 – 3 = 3
10 – 2 = 8   9 – 5 = 4
9 – 4 = 5   10 – 3 = 7

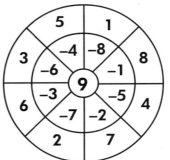

Streiche die abzuziehenden Köpfe durch.
6 – 4 = 2, 6 – 2 = 4, 6 – 3 = 3

Tauschaufgaben:
8 – 5 = 3   6 – 2 = 4   10 – 4 = 6 | 9 – 4 = 5   5 – 3 = 2   7 – 6 = 1
8 – 3 = 5   6 – 4 = 2   10 – 6 = 4 | 9 – 5 = 4   5 – 2 = 3   7 – 1 = 6

Seite 32: Finde die Unterschiede

Lösungsteil

Seite 34
Ich bin ein Junge.
Ich spiele gerne Fußball.
Ich male gerne Schiffe.

Seite 35
Ich bin ein Mädchen.
Ich spiele gerne mit meiner Freundin.
Ich male gerne Pferde.

Seite 36
das Ohr, der Kopf, der Zeh, die Brust, der Fuß, das Auge, der Arm, der Hals, der Mund, der Po, die Zunge, das Bein, das Knie, der Rücken, die Hand, der Bauch, die Nase

Seite 37
hören, sehen, riechen, essen, sitzen, laufen, stehen, klatschen
Ich höre mit den Ohren.   Ich rieche mit der Nase.
Ich sehe mit den Augen.   Ich klatsche mit den Händen.
Ich sitze auf dem Po.   Ich laufe mit den Beinen.
Ich esse mit dem Mund.   Ich stehe auf den Füßen.

Seite 38/39

1. Kopf, 2. Auge, 3. Mund, 4. Ohr, 5. Hals, 6. Brust, 7. Bauch, 8. Zeh, 9. Hand, 10. Zunge, 11. Nase, 12. Arm, 13. Rücken, 14. Bein, 15. Knie, 16. Po, 17. Fuß

Seite 41
11, 12, 13, 14, 15, 16, 17, 18, 19, 20
7, 8, 9, 10, 11, 12, 13, 14, 15, 16
15, 14, 13, 12, 11, 10, 9, 8, 7, 6
19, 18, 17, 16, 15, 14, 13, 12, 11, 10

7 < 9	29 > 2	13 > 10	9 < 19
11 < 13	15 > 14	4 < 14	20 > 10
13 > 12	17 < 19	6 > 3	12 > 10
9 < 19	8 > 6	13 < 16	18 > 8

11, 12, 13	10, 11, 12	12, 13, 14
1, 2, 3	6, 7, 8	14, 15, 16
13, 14, 15	15, 16, 17	17, 18, 19
3, 4, 5	5, 6, 7	16, 17, 18

Ordne die Zahlen:
2, 5, 7, 9, 11, 13, 14
1, 4, 6, 8, 10, 12, 16
9, 10, 12, 13, 15, 17, 19

Lösungsteil

Seite 45
Nelli schreibt: Meine Schule heißt Karlchen-Krabbelfix-Käferschule. Der Schulleiter leitet die Schule. An meiner Schule unterrichten 2 Lehrerinnen und 2 Lehrer.
Der Hausmeister repariert Dinge und hält die Schule in Ordnung. Die Sekretärin schreibt Briefe und führt Telefongespräche. Ich gehe in die 1. Klasse. Wir sind 20 Kinder. Es sind 12 Mädchen und 8 Jungen. Unser Klassenlehrer heißt Karlchen Krabbelfix.

Seite 46

Seite 48

Seite 47
Otto steht im Tor. Ottilie isst ihr Pausenbrot. Hugo saust die Rutsche hinunter.
Tina hüpft auf einem Bein.

Seite 50
Es gehen 13 Schüler in die Klasse (8 + 5 = 13).
5 + 7 = 12, 8 + 6 = 14, 9 + 4 = 13, 7 + 7 = 14, 7 + 6 = 13, 8 + 9 = 17, 8 + 5 = 13,
6 + 9 = 15, 8 + 8 = 16

Seite 51
12 − 7 = 5, 14 − 6 = 8, 13 − 4 = 9, 15 − 7 = 8, 16 − 8 = 8, 18 − 9 = 9,
14 − 6 = 8, 17 − 9 = 8, 11 − 5 = 6, 15 − 6 = 9, 13 − 4 = 9, 18 − 9 = 9

Seite 52

D	H	N	B	S	E	I	H	N	W	S	U	E	D
V	S	R	E	E	O	U	D	G	T	R	N	G	U
F	E	**L**	**O**	**T**	**T**	**A**	W	T	L	**L**	**E**	**O**	**N**
E	X	E	S	K	T	H	R	I	L	T	L	P	T
G	I	L	**K**	**E**	I	B	T	O	K	J	L	S	E
F	E	T	**A**	**A**	L	W	T	**M**	**O**	**N**	I	B	W
H	E	F	**R**	F	I	E	E	A	N	Z	B	K	L
O	G	K	L	**F**	**E**	**L**	**I**	**X**	R	A	R	Q	R
F	I	U	I	S	L	B	Y	M	A	O	S	H	G
U	F	**R**	M	E	N	K	Z	J	D	D	F	U	F
E	**O**	**T**	**T**	**O**	Q	F	U	G	F	P	A	G	Y
U	O	H	I	O	N	K	T	G	Y	D	F	O	Z
L	L	H	**N**	F	R	B	L	H	U	M	R	A	U
O	A	K	**A**	R	T	I	O	U	K	P	R	P	E

Lösungsteil

Seite 54/55
Meiner Freundin helfe ich.
Mit meinem Freund teile ich.
Meine Freundin tröste ich.
Meinem Freund vertraue ich.
Mit meiner Freundin spiele ich.
Mit meinem Freund rede ich.

Seite 56
Freunde halten zusammen.
Freunde helfen sich.
Freunde trösten sich.
Freunde mögen sich.
Freunde wechseln sich ab.
Freunde teilen miteinander.

Seite 57
Ottilie, Otto und Oskar sind <u>Freunde</u>.
Die drei Hummeln <u>halten</u> immer zusammen.
Otto und Oskar <u>üben</u> mit Ottilie Rad fahren.
Oskar wechselt sich mit Otto beim <u>Schaukeln</u> ab.
Oskar <u>teilt</u> mit Ottilie seine Tafel Schokolade.
Alle drei Hummeln <u>helfen sich</u> gegenseitig.

Seite 58

wütend   fröhlich   neidisch   glücklich   schüchtern   ängstlich   traurig

Seite 60
7 + 8 = 15, 11 − 5 = 6, 6 + 7 = 13, 13 − 6 = 7, 8 + 8 = 16, 11 − 8 = 3, 6 + 6 = 12,
17 − 9 = 8, 9 + 9 = 18, 12 − 8 = 4, 7 + 7 = 14, 11 − 10 = 1, 9 + 8 = 17, 15 − 6 = 9,
7 + 4 = 11, 11 − 9 = 2, 9 + 10 = 19, 13 − 8 = 5

Seite 63: Finde die Unterschiede

Lösungsteil

Seite 64

BAapfIeI
APuuptpoe
DSrcachhaeIn
SPchiiffIz
KSaptinzene

Seite 65

Ich wünsche dir einen Korb voller Äpfel.
Ich wünsche dir ein leckeres Eis.
Ich wünsche dir einen schönen Traum.
Ich wünsche dir einen bunten Drachen am Himmel.

Seite 67

der Apfel, der Vogel, der Roller, der Wunsch, die Torte, die Rakete, die Knete, die Maus, das Spiel, das Pony, das Eis, das Buch

Seite 70
Vorgänger und Nachfolger

14, 15, 16   16, 17, 18
4, 5, 6   6, 7, 8
15, 16, 17   11, 12, 13
5, 6, 7   1, 2, 3

18, 17, 16, 15, 14, 13, 12, 11, 10, 9, 8

Ordne die Zahlen der Größe nach
2, 3, 5, 9, 11, 15   9, 11, 14, 15, 18, 20

13 − 3 = 10 − 5 = 5, 16 − 6 = 10 − 2 = 8, 11 − 1 = 10 − 7 = 3,
17 − 7 = 10 − 1 = 9, 14 − 4 = 10 − 4 = 6, 12 − 2 = 10 − 6 = 4

Seite 71
Kettenaufgabe
4 + 3 = 7 + 7 = 14 − 4 = 10 + 10 = 20 − 3 =
17 − 5 = 12 + 8 = 20 − 11 = 9 + 3 = 12 − 6 =
6 + 4 = 10 + 9 = 19 + 1 = 20

19 + 1 = 20, 11 + 4 = 15, 15 + 5 = 20,
12 + 5 = 17, 16 + 3 = 19

10, 11, 12, 13, 14, 15, 16, 17, 18, 19

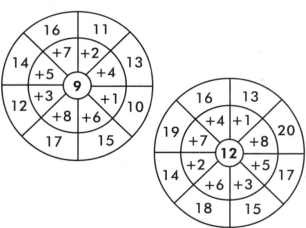

Seite 72

D	U	N	B	W	P	O	L	I	Z	I	S	T	X
U	S	R	E	T	F	U	D	G	E	R	N	G	B
F	E	U	E	R	W	E	H	R	M	A	N	N	F
T	X	T	I	E	R	Ä	R	Z	T	I	N	P	E
E	I	L	Z	A	H	N	A	R	Z	T	I	S	P
W	E	B	U	S	F	A	H	R	E	R	E	B	F
L	E	F	R	N	E	E	E	S	P	I	L	O	T
R	G	G	L	D	H	E	O	T	H	A	R	Q	O
K	A	P	I	T	Ä	N	Y	M	S	O	S	X	F
F	F	S	M	Y	N	B	Ä	C	K	E	R	N	U
Y	L	R	U	F	Q	F	U	G	U	P	A	G	E

80